Min tvåspråkiga bilderbok

我的双语图画书

Sefas vackraste barnsagor i en volym

Ulrich Renz • Barbara Brinkmann:

Sov gott, lilla vargen · 好梦，小狼仔

Hǎo mèng, xiǎo láng zǎi

För barn från 2 år

Cornelia Haas • Ulrich Renz:

Min allra vackraste dröm · 我最美的梦乡

För barn från 2 år

Ulrich Renz • Marc Robitzky:

De vilda svanarna · 野天鹅

Yě tiān'é

Efter en saga av Hans Christian Andersen

För barn från 5 år

© 2024 by Sefa Verlag Kirsten Bödeker, Lübeck, Germany. www.sefa-verlag.de

Special thanks to Paul Bödeker, Freiburg, Germany

All rights reserved.

ISBN: 9783756305308

Översättning:

Katrin Bienzle Arruda (svenska)

Li Wu (kinesiska)

Ljudbok och video:

www.sefa-bilingual.com/bonus

Fri tillgång med lösenordet:

svenska: **LWSV2831**

kinesiska: **LWZH3517**

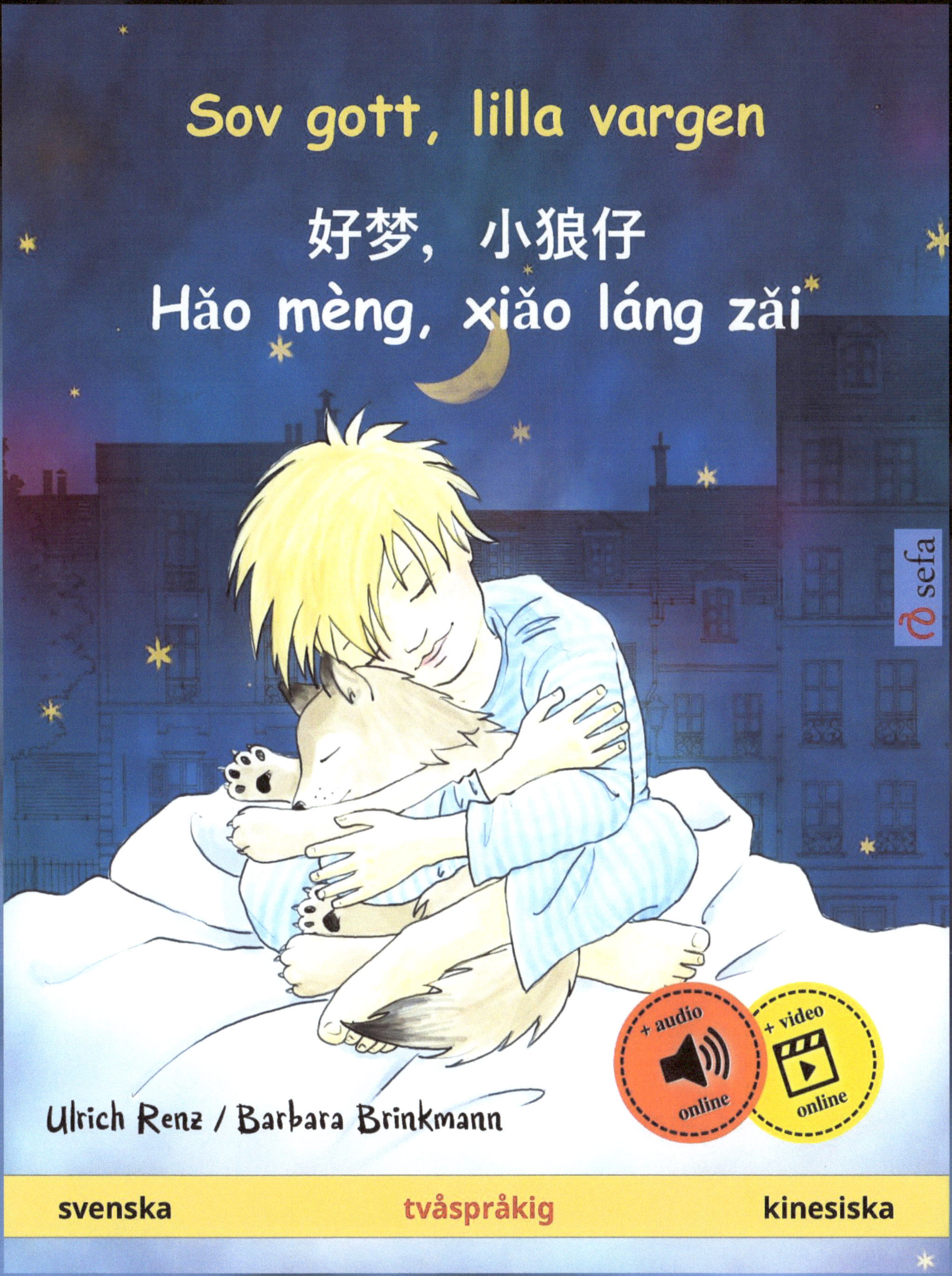
Sov gott, lilla vargen
好梦，小狼仔
Hǎo mèng, xiǎo láng zǎi
sefa
+ audio online
+ video online
Ulrich Renz / Barbara Brinkmann
svenska
tvåspråkig
kinesiska

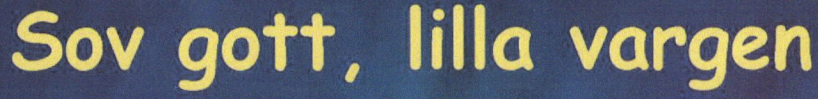

God natt, Tim! Vi fortsätter att leta imorgon.
Sov nu så gott!

晚安，提姆！我们 明天 再接着 找。现在 先 睡觉 吧！
Wǎn'ān, Tímǔ! Wǒmen míngtiān zài jiēzhe zhǎo. Xiànzài xiān shuìjiào ba!

Det är redan mörkt ute.

窗 外 天 已经 黑 了。
Chuāng wài tiān yǐjīng hēi le.

Vad gör Tim där?

提姆 在 那儿 做 什么 呢？
Tímǔ zài nàr zuò shénme ne?

Han går ut till lekplatsen.
Vad är det han letar efter?

他出去，去游戏场。
Tā chū qù, qù yóuxì chǎng.

他在那儿找什么呢？
Tā zài nàr zhǎo shénme ne?

Den lilla vargen!

Han kan inte sova utan den.

小 狼 仔！
Xiǎo láng zǎi!

没有 小 狼 仔 他就 无法入睡。
Méiyǒu xiǎo láng zǎi tā jiù wúfǎ rùshuì.

Vem är det nu som kommer?

谁 来 了？
Shéi lái le?

Marie! Hon letar efter sin boll.

是 玛丽！她在找 她的球。
Shì Mǎlì! Tā zài zhǎo tā de qiú.

Och vad letar Tobi efter?

托比 在找 什么 呢？
Tuōbǐ zài zhǎo shénme ne?

Sin grävmaskin.

他 的 挖掘机。
Tā de wājuéjī.

Och vad letar Nala efter?

那么 纳拉 在找 什么 呢?
Nàme Nàlā zài zhǎo shénme ne?

Sin docka.

她的 小 娃娃。
Tā de xiǎo wáwa.

Måste inte barnen gå och lägga sig?
Undrar katten.

小 朋友们 不该去 睡觉 吗?
Xiǎo péngyǒumen bù gāi qù shuìjiào ma?

猫咪 心里很 纳闷。
Māomi xīn lǐ hěn nàmèn.

Vem kommer nu?

现在 谁 来 啦？
Xiànzài shéi lái la?

Tims mamma och pappa!

Utan deras Tim kan de inte sova.

提姆的爸爸和妈妈!没有 提姆他们也无法入睡。
Tímǔ de bàba hé māma! Méiyǒu tìmǔ tāmen yě wúfǎ rù shuì.

Och nu kommer ännu fler! Maries pappa.
Tobis morfar. Nalas mamma.

那儿又有人来了!
Nàr yòu yǒurén lái le!

玛丽的爸爸,托比的爷爷,还有纳拉的妈妈也来了。
Mǎlì de bàba, Tuōbǐ de yéyé, háiyǒu Nàlā de māmā yě lái le.

Nu skyndar vi oss i säng!

现在 得 快快 睡觉 去了！
Xiànzài děi kuàikuai shuìjiào qù le!

God natt, Tim!

Imorgon behöver vi inte leta mer!

晚安，提姆！我们 明天 不用 再找 了。
Wǎn'ān, Tímǔ! Wǒ men míngtiān bùyòng zài zhǎo le.

Sov gott, lilla vargen!

好梦，小 狼 仔！
Hǎo mèng, xiǎo láng zǎi!

Cornelia Haas • Ulrich Renz

Min allra vackraste dröm
我最美的梦乡

Översättning:

Narona Thordsen (svenska)

王雁行 (Yanxing Wang) (kinesiska)

Ljudbok och video:

www.sefa-bilingual.com/bonus

Fri tillgång med lösenordet:

svenska: **BDSV2831**

kinesiska: **BDZH3517**

Min allra vackraste dröm
我最美的梦乡
Wǒ zuì měi de mèngxiāng

Cornelia Haas · Ulrich Renz

svenska   tvåspråkig   kinesiska

Lulu kan inte somna. Alla andra drömmer redan – hajen, elefanten, den lilla musen, draken, kängurun, riddaren, apan, piloten. Och lejonungen. Även björnen kan nästan inte hålla ögonen öppna ... Du björn, kan du ta med mig in i din dröm?

露露 睡 不着 觉。她周围 的 一切都 已
Lùlu shuì bù zháo jiào. Tā zhōuwéi de yíqiè dōu yǐ

进入梦乡。 小 鲨鱼，大象， 小 老鼠，
jìnrù mèngxiāng. Xiǎo shāyú, dàxiàng, xiǎo lǎoshǔ,

龙，袋鼠，骑士，小猴，宇航员， 还有
lóng, dàishǔ, qíshì, xiǎohóu, yǔhángyuán, háiyǒu

小 狮子。就是小熊 也是两 眼皮直
xiǎo shīzi. Jiù shì xiǎoxióng yě shì liǎng yǎnpí zhí

打架，快 撑 不住了…
dǎjià, kuài chēng bú zhù le...

小熊， 带我 一起去你的 梦乡， 好吗？
Xiǎoxióng, dài wǒ yíqǐ qù nǐ de mèngxiāng, hǎoma?

Och med det så finner sig Lulu i björnarnas drömland. Björnen fångar fisk i Tagayumisjön. Och Lulu undrar, vem skulle kunna bo där uppe i träden?
När drömmen är slut vill Lulu uppleva ännu mer. Följ med, vi hälsar på hajen! Vad kan han drömma om?

话音未落,露露就到了小熊的梦乡。小熊在塔嘎禹迷湖里钓鱼。
Huàyīn wèi luò, Lùlu jiù dào le xiǎoxióng de mèngxiāng. Xiǎoxióng zài tǎgāyùmǐ hú lǐ diàoyú.

露露寻思着,这树上住的究竟是谁?从小熊的梦乡里出来,露露
Lùlu xúnsī zhe, zhè shù shàng zhù de jiūjìng shì shéi? Cóng xiǎoxióng de mèngxiāng lǐ chūlái, Lùlu

还没玩够。来,我们一起去找小鲨鱼,看看它的梦乡里有什么。
hái méi wán gòu. Lái, wǒmen yìqǐ qù zhǎo xiǎo shāyú, kànkàn tā de mèngxiāng lǐ yǒu shénme.

Hajen leker tafatt med fiskarna. Äntligen har han vänner! Ingen är rädd för hans spetsiga tänder.

När drömmen är slut vill Lulu uppleva ännu mer. Följ med, vi hälsar på elefanten! Vad kan han drömma om?

小 鲨鱼 在 和其他 小鱼 玩 抓人 游戏。小 鲨鱼 终于 也有 朋友 了。
Xiǎo shāyú zài hé qítā xiǎoyú wán zhuārén yóuxì. Xiǎo shāyú zhōngyú yě yǒu péngyou le.

没 人 害怕 它的 尖牙 了。从 小 鲨鱼 的 梦乡 里出来，露露还没 玩 够。
Méi rén hàipà tā de jiānyá le. Cóng xiǎo shāyú de mèngxiāng lǐ chūlái, Lùlu hái méi wán gòu.

来，我们 一起去找 大象，看看 它的 梦乡 里有 什么。
Lái, wǒmen yìqǐ qù zhǎo dàxiàng, kànkàn tā de mèngxiāng lǐ yǒu shénme.

Elefanten är lika lätt som en fjäder och kan flyga! Snart landar han på den himmelska ängen.

När drömmen är slut vill Lulu uppleva ännu mer. Följ med, vi hälsar på den lilla musen! Vad kan hon drömma om?

大象 竟然 轻 如羽毛，它还 能 飞！不久，大家 都 在 天空 草坪
上 登陆 了。从 大象 的梦乡 里出来，露露还 没 玩 够。

来，我们 一起去找 小 老鼠，看看 它的 梦乡 里有 什么。

Den lilla musen är på ett tivoli. Mest gillar hon berg- och dalbanan. När drömmen är slut vill Lulu uppleva ännu mer. Följ med, vi hälsar på draken. Vad kan hon drömma om?

小老鼠在游乐场里玩。它最喜欢的是过山车。
Xiǎolǎoshǔ zài yóulèchǎng lǐ wán. Tā zuì xǐhuān de shì guòshānchē.

从小老鼠的梦乡里出来,露露还没玩够。
Cóng xiǎo lǎoshǔ de mèngxiāng lǐ chūlái, Lùlu hái méi wán gòu.

来,我们一起去找龙,看看它的梦乡里有什么。
Lái, wǒmen yìqǐ qù zhǎo lóng, kànkàn tā de mèngxiāng lǐ yǒu shénme.

Draken är törstig av att ha sprutat eld. Hon skulle vilja dricka upp hela sockerdrickasjön.

När drömmen är slut vill Lulu uppleva ännu mer. Följ med, vi hälsar på kängurun! Vad kan hon drömma om?

龙 喷火 喷 得 口渴了。它 真 想 一口气把 汽水湖 喝 干。

从 龙 的梦乡 里出来，露露还 没 玩 够。

来，我们 一起 去找 袋鼠，看看 它的梦乡 里有 什么。

Kängurun hoppar genom godisfabriken och stoppar sin pung full. Ännu fler av de blåa karamellerna! Och ännu fler klubbor! Och choklad!

När drömmen är slut vill Lulu uppleva ännu mer. Följ med, vi hälsar på riddaren. Vad kan han drömma om?

袋鼠在糖果厂里蹦达，它把胸前的袋子塞得满满的。再多拿点蓝颜色的糖！还有棒棒糖！还有巧克力！从袋鼠的梦乡里出来，露露还没玩够。来，我们一起去找骑士，看看他的梦乡里有什么。

Riddaren har tårtkrig med sin drömprinsessa. Oj! Gräddtårtan missar!
När drömmen är slut vill Lulu uppleva ännu mer. Följ med, vi hälsar på apan!
Vad kan han drömma om?

骑士正和他心目中的美丽公主互相扔蛋糕玩。
Qíshì zhèng hé tā xīnmù zhōng de měilì gōngzhǔ hùxiāng rēn dàngāo wán.

哎呀,奶油蛋糕扔偏了。从骑士的梦乡里出来,露露还没玩够。
Āiyā, nǎiyóu dàngāo rēng piān le. Cóng qíshì de mèngxiāng lǐ chūlái, Lùlu hái méi wán gòu.

来,我们一起去找小猴子,看看它的梦乡里有什么。
Lái, wǒmen yìqǐ qù zhǎo xiǎohóuzi, kànkàn tā de mèngxiāng lǐ yǒu shénme.

Äntligen har det snöat i aplandet! Hela apgänget är helt uppspelta och gör rackartyg.

När drömmen är slut vill Lulu uppleva ännu mer. Följ med, vi hälsar på piloten! I vilken dröm kan han ha landat i?

猴乡 终于 也下雪 了。猴子 们 乐开了花。个个 开始 猴闹。
Hóuxiāng zhōngyú yě xiàxuě le. Hóuzi men lè kāi le huā. Gège kāishǐ hóunào.

从 猴子 的梦乡 里出来，露露还 没 玩 够。
Cóng hóuzi de mèngxiāng lǐ chūlái, Lùlu hái méi wán gòu.

来，我们 一起去找 宇航员， 看看 他的梦乡 里有 什么。
Lái, wǒmen yíqǐ qù zhǎo yǔhángyuán, kànkàn tā de mèngxiāng lǐ yǒu shénme.

Piloten flyger och flyger. Ända till världens ände och ännu längre, ända till stjärnorna. Ingen pilot har någonsin klarat av detta tidigare.
När drömmen är slut så är alla väldigt trötta och känner inte för att uppleva mycket mer. Men lejonungen vill de fortfarande hälsa på. Vad kan hon drömma om?

宇航员飞呀飞，飞到了世界的尽头。还继续往前，飞到了星星上。以前可还没人能飞得那么远呢。从宇航员的梦乡里出来，大家都累了，不想再玩了。但是还有小狮子呢。它的梦乡里又有什么呢？

Lejonungen har hemlängtan och vill tillbaka till sin varma mysiga säng.
Och de andra med.

Och där börjar ...

小 狮子想家 了。它想 回到 它热呼呼的被窝 里。
Xiǎo shīzi xiǎngjiā le. Tā xiǎng huídào tā rèhūhū de bèiwō lǐ.

大家 也 都 开始 想家 了。
Dàjiā yě dōu kāishǐ xiǎngjiā le.

于是。。。
Yúshì ...

... Lulus
allra vackraste dröm.

。。。露露

... Lùlu

走进 了她最 美丽 的梦乡。

zǒujìn le tā zuì měilì de mèngxiāng.

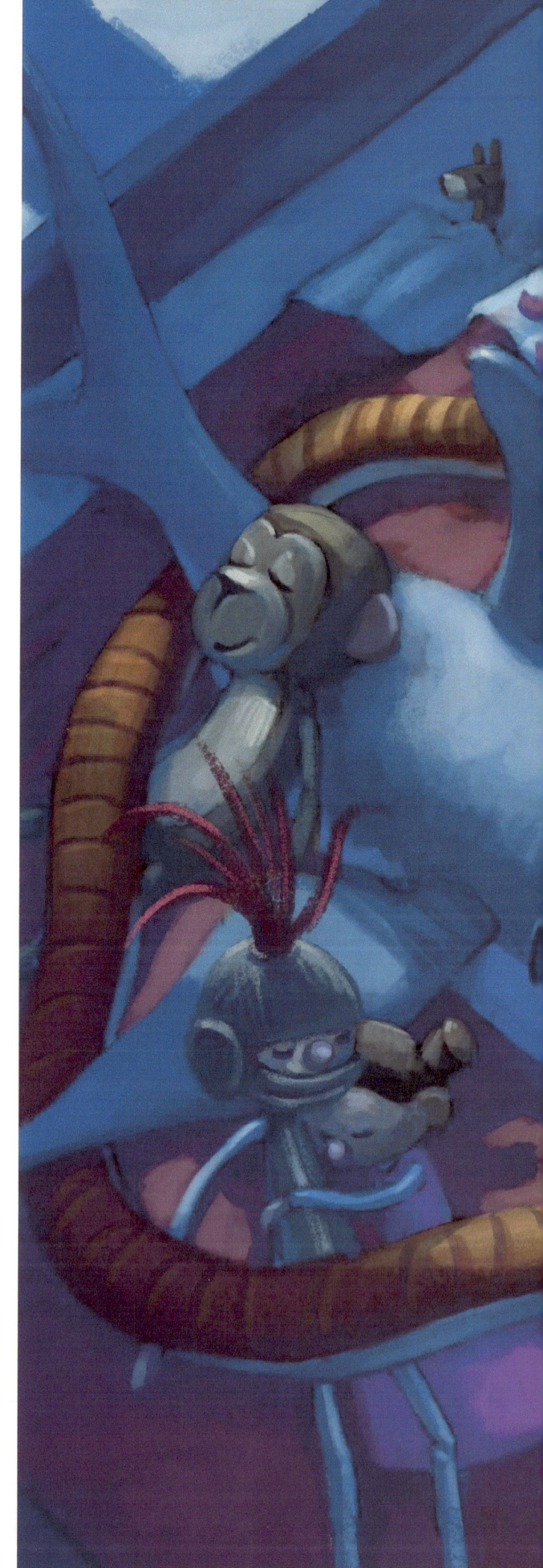

Ulrich Renz • Marc Robitzky

De vilda svanarna

野天鹅

Yě tiān'é

Översättning:

Narona Thordsen (svenska)

Isabel Zhang (kinesiska)

Ljudbok och video:

www.sefa-bilingual.com/bonus

Fri tillgång med lösenordet:

svenska: **WSSV2831**

kinesiska: **WSZH3517**

Ulrich Renz · Marc Robitzky

De vilda svanarna

野天鹅 · Yě tiān'é

Efter en saga av

Hans Christian Andersen

svenska — tvåspråkig — kinesiska

Det var en gång tolv kungabarn–elva bröder och en storasyster, Elisa. De levde lyckliga i ett underbart vackert slott.

很久 很久 以前、有 十二个 国王 的孩子 — 十一个 兄弟 和
Hěnjiǔ hěnjiǔ yǐqián, yǒu shíèrgè guówáng de háizǐ — shíyīgè xiōngdì hé

一个姐姐, 爱丽萨。他们 幸福 地 生活 在 一座 美丽的 宫殿 里。
yīgè jiějiě, Àilìsà. Tāmén xìngfú de shēnghuó zài yīzuò měilì de gōngdiàn lǐ.

En dag dog modern, och efter en tid gifte sig kungen på nytt. Men den nya kvinnan var en elak häxa. Hon förtrollade de elva prinsarna så att de blev svanar och skickade dem långt bort till ett fjärran land bakom den stora skogen.

有一天,母亲去世了。不久后,国王又结婚了。新王后是一个恶毒的巫婆。她用魔法把十一个王子变成了天鹅,然后把他们送到了大森林那边一个遥远的国家。

Flickan klädde hon i trasor och smörjde in henne med en ful salva i ansiktet så att den egna fadern inte längre kände igen henne och jagade bort henne från slottet. Elisa sprang in i den mörka skogen.

她给女孩穿上了破烂的衣服,脸上
Tā gěi nǚhái chuān shàng le pòlàn de yīfú, liǎnshàng

抹着丑陋的药膏,以至于女孩的父亲
mǒzhe chǒulòu de yàogāo, yǐ zhìyú nǚhái de fùqīn

没有认出她而把她赶出了宫殿。
méiyǒu rènchū tā ér bǎ tā gǎn chū le gōngdiàn.

爱丽萨跑进了黑暗的森林里。
Àilìsà pǎojìn le hēiàn de sēnlín lǐ.

Nu var hon helt ensam och längtade efter hennes försvunna bröder med hela sitt hjärta. När det blev kväll bäddade hon en säng av mossa under träden.

现在 她独自一人，心灵 深处
Xiànzài tā dúzì yīrén, xīn líng shēnchù

十分 想念 失踪 的兄弟们。
shífēn xiǎngniàn shīzōng de xiōngdìmén.

天 黑了，她在 树下 铺了
Tiān hēi le, tā zài shùxià pū le

一张 青苔 床。
yīzhāng qīngtái chuáng.

Nästa morgon kom hon fram till en lugn sjö och blev förskräckt när hon däri såg sin spegelbild. Men efter att hon hade tvättat sig var hon det vackraste kungabarnet på jorden.

第二天 清晨， 她来到 一个安静 的湖边。
Dìèr tiān qīngchén, tā láidào yīgè ānjìng de húbiān.

当 她看见 水中 自己的 倒影 时，
Dāng tā kànjiàn shuǐzhōng zìjǐ de dǎoyǐng shí,

她很 吃惊。不过, 当 她洗浴之后,
tā hěn chījīng. Bùguò, dāng tā xǐyù zhīhòu,

她又 是 天下 最美丽 的 公主 了。
tā yòu shì tiānxià zuì měilì de gōngzhǔ le.

Efter många dagar nådde Elisa det stora havet. På vågorna gungade elva svanfjädrar.

许多天 之后,爱丽萨来到了
Xǔduō tiān zhīhòu, Àilìsà láidào le

大海边。波浪 上 漂荡 着
dàhǎi biān. Bōlàng shàng piāodàng zhe

十一片 天鹅 的羽毛。
shíyī piàn tiān'é de yǔmáo.

När solen gick ner hördes ett sus i luften och elva vilda svanar landade på vattnet. Elisa kände genast igen sina förtrollade bröder. Men för att dom talade svanspråket kunde hon inte förstå dem.

当 太阳 下 山 时, 空中 传来 一片 噪声, 十一只 野天鹅
Dāng tàiyáng xià shān shí, kōngzhōng chuánlái yīpiàn zàoshēng, shíyīzhī yě tiān'é

降落 在海面 上。爱丽萨马上 认出 了被施了魔法 的 兄弟们。
jiàngluò zài hǎimiàn shàng. Àilìsà mǎshàng rènchū le bèi shī le mófǎ de xiōngdìmen.

不过, 因为 他们 说着 天鹅 的 语言, 她无法听懂。
Búguò, yīnwéi tāmen shuōzhe tiān'é de yǔyán, tā wúfǎ tīngdǒng.

På dagen flög svanarna bort, under natten kurade syskonen ihop sig i en grotta.

En natt hade Elisa en besynnerlig dröm: Hennes mor sade till henne hur hon kunde befria sina bröder. Av nässlor skulle hon sticka en skjorta för varje svan och dra den över den. Men tills dess får hon inte tala ett enda ord, annars måste hennes bröder dö.
Elisa började genast med arbetet. Trots att hennes händer sved som brända med eld stickade hon outtröttligt.

白天, 天鹅飞走了, 晚上 他们 就相拥 在 一个 山洞 里。
Báitiān, tiān'é fēizǒu le, wǎnshàng tāmén jiù xiāngyōng zài yīgè shāndòng lǐ.

一天 夜晚, 爱丽萨做了一个奇怪的梦： 她母亲 告诉她,
Yītiān yèwǎn, Àilìsà zuò le yīgè qíguài de mèng：tā mǔqīn gàosù tā,

怎样 才能 搭救她的兄弟们。爱丽萨要 用 荨麻 给 每只
zěnyàng cái néng dājiù tā de xiōngdìmen. Àilìsà yào yòng qiánmá gěi měizhī

天鹅 织一件 小 衬衫， 然后 披在他们 的身上。 但是,
tiān'é zhī yījiàn xiǎo chènshān, ránhòu pīzài tāmén de shēnshàng. Dànshì,

直到 那时, 她不许说 一句话, 否则 她的 兄弟们 就 会死去。
zhí dào nàshí, tā bùxǔ shuō yíjù huà, fǒuzé tā de xiōngdìmén jiù huì sǐqù.

爱丽萨马上 开始了工作。 虽然 她的 手 像 火燎 一样,
Àilìsà mǎshàng kāishǐ le gōngzuò. Suīrán tā de shǒu xiàng huǒliáo yīyàng,

她还是 不知 疲倦 地 编织。
tā háishì bùzhī píjuàn de biānzhī.

En dag ljöd jakthorn i fjärran. En prins kom ridande med sitt följe och stod snart framför henne. När de såg in i varandras ögon blev de förälskade i varandra.

有一天，远处 响起 打猎的 号角。
Yǒu yītiān, yuǎnchù xiǎngqǐ dǎliè de hàojiǎo.

一个王子 和他的 侍从 骑马 过来，
Yīgè wángzǐ hé tā de shìcóng qímǎ guòlái,

不一会儿便 站 在了她的 面前。
bù yīhuìér biàn zhàn zài le tā de miànqián.

当 两个 人看 着 对方 的 眼睛 时，
Dāng liǎnggè rén kàn zhe duìfāng de yǎnjīng shí,

他们 彼此相爱 了。
tāmén bǐcǐ xiāngài le.

Prinsen lyfte upp Elisa på sin häst och red med henne till sitt slott.

王子 把爱丽萨托上 马,
Wángzǐ bǎ Àilìsà tuōshàng mǎ,

和她 一起 骑回了他的王宫。
hé tā yīqǐ qíhuí le tā de wánggōng.

Den mäktige skattmästaren var allt annat än glad över ankomsten av den stumma vackra. Hans egen dotter skulle bli prinsens brud.

这个 沉默 美人 的 到来 让 强势
Zhège chénmò měirén de dàolái ràng qiángshì
的司库很 不愉快。他自己 的 女儿才
de sīkù hěn bù yúkuài. Tā zìjǐ de nǚér cái
应该 成为 王子 的 新娘。
yīnggāi chéngwéi wángzǐ de xīnniáng.

Elisa hade inte glömt sina bröder. Varje kväll fortsatte hon att arbeta med skjortona. En natt gick hon ut till kyrkogården för att hämta färska nässlor. Samtidigt blev hon hemligt iakttagen av skattmästaren.

爱丽萨没有 忘记 她的 兄弟们。
Àilìsà méiyǒu wàngjì tā de xiōngdìmen.

每天 晚上 她继续 编织 小 衬衫。
Měitiān wǎnshàng tā jìxù biānzhī xiǎo chènshān.

一天夜晚, 她到 墓地去 采集新鲜 的 荨麻。
Yītiān yèwǎn, tā dào mùdì qù cǎijí xīnxiān de qiánmá.

此时司库 偷偷 地观察 着 她。
Cǐshí sīkù tōutōu de guānchá zhe tā.

Så snart som prinsen var på en jaktutflykt lät skattmästaren slänga Elisa i fängelsehålan. Han hävdade att hon var en häxa som mötte andra häxor på natten.

王子 刚刚 出去 打猎,司库就把
Wángzǐ gānggāng chūqù dǎliè, sīkù jiù bǎ

爱丽萨扔进 了地牢。
Àilìsà rēngjìn le dìláo.

他声称, 她是 一个巫婆,在夜晚
Tā shēngchēng, tā shì yīgè wūpó, zài yèwǎn

和 其他的 巫婆 会面。
hé qítā de wūpó huìmiàn.

I gryningen blev Elisa hämtad av vakterna. Hon skulle brännas på torget.

天刚 蒙蒙 亮，卫兵 就把
Tiān gāng mēngmēng liàng, wèibīng jiù bǎ

爱丽萨带了出来，他们 要 在 市政
Àilìsà dài le chūlái, tāmen yào zài shìzhèng

广场 烧死 她。
guǎngchǎng shāosǐ tā.

De hade knappast kommit fram när plötsligt elva vita svanar kom flygande. Snabbt drog Elisa en nässelskjorta över var och en. Snart stod alla hennes bröder framför henne som människofigurer. Bara den yngsta, vars skjorta inte hade blivit helt färdig, behöll en vinge istället för en arm.

她还没有到达那儿，突然飞来十一只白天鹅。爱丽萨迅速将荨麻衬衫抛到每个天鹅的身上。很快她的兄弟们都现出了人形，站在她面前。只有最小的还有一只翅膀，因为他的衬衫还没有完全织好。

Syskonens kramande och pussande hade inte tagit slut än när prinsen kom tillbaka. Äntligen kunde Elisa förklara alltihopa. Prinsen lät den elake skattmästaren slängas i fängelsehålan. Och sedan firade de bröllop i sju dagar.

Och så levde de lyckliga i alla sina dagar.

当 王子 回来 时,兄弟 姐妹们 还没 亲热够呢。爱丽萨
Dāng wángzǐ huílái shí, xiōngdì jiěmèimen hái méi qīnrè gòu ne. Àilìsà

终于 向 他解释了一切。王子 把恶毒 的 司库 投进了地牢。
zhōngyú xiàng tā jiěshì le yíqiē. Wángzǐ bǎ èdú de sīkù tóujìn le dìláo.

随后 庆祝 了七天 的 婚礼。
Suíhòu qìngzhù le qī tiān de hūnlǐ.

从此 以后,他们 过着 幸福 快乐 的 日子。
Cóngcǐ yǐhòu, tāmen guòzhe xìngfú kuàilè de rìzi.

Hans Christian Andersen

Hans Christian Andersen was born in the Danish city of Odense in 1805, and died in 1875 in Copenhagen. He gained world fame with his literary fairy-tales such as „The Little Mermaid", „The Emperor's New Clothes" and „The Ugly Duckling". The tale at hand, „The Wild Swans", was first published in 1838. It has been translated into more than one hundred languages and adapted for a wide range of media including theater, film and musical.

Barbara Brinkmann föddes i München (Tyskland) år 1969. Hon studerade arkitektur i München och arbetar för närvarande vid Institutionen för Arkitektur vid München tekniska universitet. Hon arbetar också som grafisk formgivare, illustratör och författare.

Cornelia Haas föddes 1972 nära Augsburg (Tyskland). Efter utbildningen som skylt- och ljusreklamtillverkare studerade hon design vid Münster yrkeshögskola och utexaminerades som diplom designer. Sedan 2001 illusterar hon barn- och ungdomsböcker, sedan 2013 undervisar hon i akryl- och digitalmålning vid Münster yrkeshögskola.

Marc Robitzky, born in 1973, studied at the Technical School of Art in Hamburg and the Academy of Visual Arts in Frankfurt. He works as a freelance illustrator and communication designer in Aschaffenburg (Germany).

Ulrich Renz föddes 1960 i Stuttgart (Tyskland). Efter att ha studerat fransk litteratur i Paris tog han läkarexamen i Lübeck och var chef för ett vetenskapligt förlag. Idag är Renz frilansförfattare, förutom faktaböcker skriver han barn- och ungdomsböcker.

Gillar du att måla?

Här kan du hitta bilderna från berättelsen för färgläggning:

www.sefa-bilingual.com/coloring

www.ingramcontent.com/pod-product-compliance
Lightning Source LLC
LaVergne TN
LVHW070445080526
838202LV00035B/2743